구번역 사도신경

전능하사 천지를 만드신 하나님 아버지를 내가 믿사오며,

그 외아들 우리 주 예수 그리스도를 믿사오니,

이는 성령으로 잉태하사 동정녀 마리아에게 나시고,

본디오 빌라도에게 고난을 받으사,

십자가에 못 박혀 죽으시고,

장사한 지 사흘 만에 죽은 자 가운데서 다시 살아나시며,

하늘에 오르사, 전능하신 하나님 우편에 앉아 계시다가,

저리로서 산 자와 죽은 자를 심판하러 오시리라.

성령을 믿사오며, 거룩한 공회와 성도가 서로 교통하는 것과

죄를 사하여 주시는 것과 몸이 다시 사는 것과

영원히 사는 것을 믿사옵나이다. 아멘.

새번역 사도신경[1]

나는 전능하신 아버지 하나님, 천지의 창조주를 믿습니다.

나는 그의 유일하신 아들, 우리 주 예수 그리스도를 믿습니다.

그는 성령으로 잉태되어 동정녀 마리아에게서 나시고,

본디오 빌라도에게 고난을 받아 십자가에 못 박혀 죽으시고,

장사된 지[2] 사흘 만에 죽은 자 가운데서 다시 살아나셨으며,

하늘에 오르시어 전능하신 아버지 하나님 우편에 앉아 계시다가,

거기로부터 살아 있는 자와 죽은 자를 심판하러 오십니다.

나는 성령을 믿으며, 거룩한 공교회와 성도의 교제와

죄를 용서받는 것과 몸의 부활과 영생을 믿습니다. 아멘.

1) '사도신조'로도 번역할 수 있다.
2) '장사되시어 지옥에 내려가신 지'가 공인된 원문(Forma Recepta)에는 있으나 대다수의 본문에는 없다.

1000일 내 글씨 성경

2

역사서

여호수아 – 에스더

시작한 날 _____

마친 날 _____

이름 _____

1000일
내 글씨 성경
-
구성

- 구약 -

| 1권
율법서 | 창세기
출애굽기
레위기
민수기
신명기 | 2권
역사서 | 여호수아, 사사기
룻기, 사무엘상
사무엘하, 열왕기상
열왕기하, 역대상
역대하, 에스라
느헤미야, 에스더 | 3권
시가서 | 욥기
시편
잠언
전도서
아가 | 4권
예언서 | 이사야, 예레미야
예레미야애가, 에스겔
다니엘, 호세아, 요엘
아모스, 오바댜, 요나
미가, 나훔, 하박국
스바냐, 학개, 스가랴
말라기 |

- 신약 -
5권

1000일 내 글씨 성경 2권(여호수아-에스더)

엮은이 | 편집부
초판 발행 | 2019. 7. 1
8쇄 | 2021. 9. 1
등록번호 | 제1988-000080호
등록된 곳 | 서울특별시 용산구 서빙고로65길 38
발행처 | 사단법인 두란노서원
영업부 | 2078-3352   FAX | 080-749-3705
출판부 | 2078-3331

책값은 뒤표지에 있습니다.
ISBN 978-89-531-4073-8 04230

독자의 의견을 기다립니다.
tpress@duranno.com   www.duranno.com

두란노서원은 바울 사도가 3차 전도여행 때 에베소에서 성
령 받은 제자들을 따로 세워 하나님의 말씀으로 양육하던
장소입니다. 사도행전 19장 8-20절의 정신에 따라 첫째 목
회자를 돕는 사역과 평신도를 훈련시키는 사역, 둘째 세계
선교(TIM)와 문서선교 (단행본·잡지) 사역, 셋째 예수문화 및 경
배와 찬양 사역, 그리고 가정·상담 사역 등을 감당하고 있습
니다. 1980년 12월 22일에 창립된 두란노서원은 주님 오실
때까지 이 사역들을 계속할 것입니다.

복음서	마태복음 마가복음 누가복음 요한복음	역사서	사도행전	바울 서신	로마서, 고린도전서 고린도후서, 갈라디아서 에베소서, 빌립보서 골로새서, 데살로니가전서 데살로니가후서 디모데전서, 디모데후서 디도서, 빌레몬서
— DURANNO VISION BIBLE — INTIMACY		일반 서신	히브리서, 야고보서 베드로전서, 베드로후서 요한일서, 요한이서 요한삼서, 유다서	예언서	요한계시록

1000일
내 글씨 성경
-
활용하기

1 1000일 동안 말씀을 쓰며 하나님과 교제할 수 있다.

하루에 써야 할 분량을 정해 놓았기에 늘어지거나 포기하지 않고 끝까지 필사할 수 있다.

2 이 책은 총 5권으로 구성되었다. 구약은 '율법서, 역사서, 시가서, 예언서'의 분류법을 따

라 쓰기성경을 4개로 나누었으며, 신약은 한 권으로 묶었다.

3 창세기부터 요한계시록까지 각 책의 개관을 간략히 소개했다. 각 성경의 내용을 이해하

며 필사할 수 있어 더 큰 은혜를 누릴 수 있다.

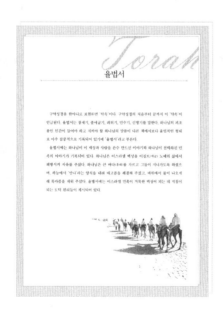

4 필사 일 옆에 연도와 월, 일을 기입할 수 있게 했다. 원하는 날짜에 필사하면 된다.

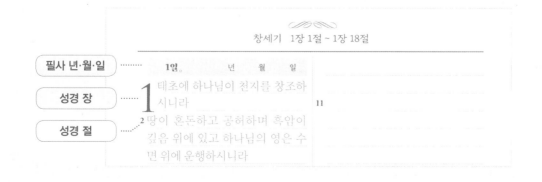

5 약 30분 정도의 시간을 내면 하루 분량을 쓸 수 있기에 부담이 없다. 그러나 필사자의 컨디션에 따라 더 많은 분량을 써도 좋다.

6 서기관들이 성경을 필사해 후대에 남겼듯이 내 손글씨로 말씀을 정성껏 필사해 믿음의 유산을 남길 수 있다.

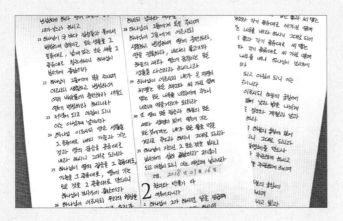

7 하루의 필사 분량을 표로 만들었는데, 다 쓴 후 오른쪽에 V표시를 하면 진행 사항을 파악할 수 있다.

	창세기		출애굽기		레위기		민수기		신명기	
필사 일수 →	1	✓	48	1	87	1-2	112	1:1-46	147	1
	2		49	2	88	3	113	1:47-3:4	148	2
	3		50	3	89	4	114	3:5-51	149	3
성경 장 →	4		51	4	90	5-6	115	4	150	4
	5		52	5	91	7	116	5	151	5
	6		53	6	92	8	117	6	152	6
체크 칸 →	7		54	7	93	9-10	118	7:1-41	153	7
	8		55	8	94	11-12	119	7:42-89	154	8
	9		56	9	95	13:1-28	120	8	155	9
	10		57	10-11	96	13:29-59	121	9	156	10
	11		58	12:1-28	97	14:1-32	122	10	157	11
	12	12-13	59	12:29-51	98	14:33-57	123	11	158	12
	13	14-15	60	13	99	15	124	12-13	159	13-14

8 각 성경을 쉽게 찾도록 각 권에서 대표적인 성경 다섯 권을 옆면에 반달 색인으로 표시했다. 색인을 보며 필사할 부분을 보다 쉽게 찾을 수 있다.

이 책의 개관은 저자의 허락 하에 《더 바이블》(라준석 저)에서 주로 발췌했으며, 《비전 성경》, 《핵심 성경》을 참고했다.

178일. 　　　　년　　월　　일

1 여호와의 종 모세가 죽은 후에 여호와께서 모세의 수종자 눈의 아들 여호수아에게 말씀하여 이르시되

2 내 종 모세가 죽었으니 이제 너는 이 모든 백성과 더불어 일어나 이 요단을 건너 내가 그들 곧 이스라엘 자손에게 주는 그 땅으로 가라

3 내가 모세에게 말한 바와 같이 너희 발바닥으로 밟는 곳은 모두 내가 너희에게 주었노니

4

5

6

7

8

9

10

11

12

13

역사서 쓰기표

여호수아		사사기		룻기		사무엘상		사무엘하		열왕기상	
178	1-2	197	1	216	1	219	1	245	1	266	1:1-31
179	3-4	198	2	217	2	220	2	246	2	267	1:32-53
180	5-6	199	3	218	3-4	221	3	247	3	268	2
181	7	200	4			222	4-5	248	4-5	269	3
182	8	201	5			223	6-7	249	6	270	4
183	9	202	6			224	8	250	7	271	5:1-6:13
184	10	203	7			225	9	251	8-9	272	6:14-7:12
185	11	204	8			226	10	252	10-11	273	7:13-51
186	12	205	9:1-45			227	11-12	253	12	274	8:1-21
187	13-14	206	9:46-10:18			228	13	254	13	275	8:22-66
188	15:1-32	207	11			229	14:1-23	255	14	276	9
189	15:33-63	208	12-13			230	14:24-52	256	15	277	10
190	16-17	209	14-15			231	15	257	16	278	11
191	18	210	16			232	16	258	17	279	12
192	19:1-23	211	17:1-18:10			233	17:1-27	259	18	280	13
193	19:24-20:9	212	18:11-18:31			234	17:28-58	260	19	281	14
194	21	213	19			235	18	261	20	282	15
195	22	214	20			236	19	262	21	283	16
196	23-24	215	21			237	20	263	22	284	17
						238	21-22	264	23	285	18
						239	23	265	24	286	19
						240	24			287	20
						241	25			288	21
						242	26-27			289	22:1-28
						243	28-29			290	22:29-53
						244	30-31				

열왕기하		역대상		역대하		에스라		느헤미야		에스더	
291	1	316	1:1-42	345	1:1-2:16	371	1:1-2:35	379	1-2	391	1
292	2	317	1:43-2:24	346	2:17-3:17	372	2:36-70	380	3	392	2
293	3	318	2:25-55	347	4-5	373	3-4	381	4	393	3-4
294	4	319	3	348	6	374	5-6	382	5:1-6:14	394	5-6
295	5	320	4	349	7-8	375	7	383	6:15-7:38	395	7-8
296	6	321	5	350	9	376	8:1-30	384	7:39-73	396	9-10
297	7	322	6:1-48	351	10-11	377	8:31-9:15	385	8		
298	8	323	6:49-81	352	12-13	378	10	386	9		
299	9	324	7	353	14-15			387	10		
300	10	325	8	354	16-17			388	11		
301	11	326	9	355	18-19			389	12		
302	12	327	10:1-11:9	356	20			390	13		
303	13	328	11:10-47	357	21-22						
304	14	329	12	358	23						
305	15	330	13-14	359	24						
306	16	331	15	360	25						
307	17	332	16	361	26-27						
308	18	333	17	362	28						
309	19	334	18	363	29						
310	20	335	19-20	364	30						
311	21	336	21:1-27	365	31						
312	22	337	21:28-22:19	366	32						
313	23	338	23	367	33						
314	24	339	24	368	34						
315	25	340	25	369	35						
		341	26	370	36						
		342	27								
		343	28								
		344	29								

2

역사서

역사서

여호수아, 사사기, 룻기, 사무엘상, 사무엘하, 열왕기상, 열왕기하, 역대상, 역대하, 에스라, 느헤미야, 에스더를 '역사서'라고 부른다. 역사서는 이스라엘의 역사 이야기다. 역사서의 책들은 역사 기록의 틀을 따라 이야기가 전개되고 있다. 하나님은 이스라엘 백성에게 새로운 고향인 가나안을 주셨고, 적을 이길 수 있도록 도우셨으며, 그들을 다스릴 왕도 보내 주셨다. 이스라엘 백성은 때때로 하나님이 주신 율법을 기억하며 지키려고 노력했지만, 대부분은 자기들이 원하는 대로 행하고 마음대로 살다가 어려움을 만나곤 했다. 그러기를 수없이 반복하다가 결국 이스라엘 민족은 북 이스라엘과 남 유다로 나뉘었고, 양쪽 모두 각각 앗수르와 바벨론에게 멸망당했다.

이들 역사서를 관통하는 역사관은 "순종하면 살고, 불순종하면 죽는다"이다. 인생과 역사의 흥망성쇠는 하나님과의 관계에 달려 있는데, 하나님의 명령에 순종하면 형통하지만 불순종하면 패망한다.

여호수아

저자	여호수아
기록 목적	하나님이 아브라함에게 약속하신 땅을 그의 후손들에게 주심으로 하나님은 신실하신 분이라는 사실을 보여 주기 위해 기록되었다.
구성	1-12장: 가나안 정복 13-21장: 땅 분배 22-24장: 여호수아의 권면
핵심 메시지	하나님은 반드시 약속을 성취하신다. 우리가 해야 할 행동은 순종이다.
주요 내용	여호수아서는 이스라엘 백성이 가나안을 정복하는 이야기를 전해 준다. 모세가 죽은 이후에 여호수아가 지도자가 되면서부터 가나안 땅을 정복해 가고, 그 후 가나안 땅을 분배하는 일이 상세하게 기록되어 있다.

178일.   년   월   일

1

2

3

4

5

6

7

8

9

10

11

12

13

여호수아

14

15

16

17

18

2

2

3

4

5

6

7

8

9

10

11

12

13

14

15

16

17

18

19

20

21

22

23

24

179일. 년 월 일

3

2

3

4

5

6

7

8

9

10

11

12

13

14

15

16

17

4

2

3

4

5

6

7

8

9

10

11

12

13

14

23

15

16

24

17

18

180일.　　　년　　월　　일

5

19

20

2

21

3

22

4

5

6

7

8

9

10

11

12

13

14

15

6

2

3

4

5

6

7

8

9

10

11

12

13

14

15

16

17

18

19

20

21

22

23

24

25

26

27

181일。　　년　　월　　일

7

2

3

4

5

6

7

8

9

10

11

12

13

14

15

16

17

18

19

20

21

22

23

24

25

26

182일.　　　　년　　월　　일

8

2

3

4

5

6

7

8

9

10

11

12

13

14

15

16

17

18

19

20

21

22

23

24

25

26

27

28

29

30

31

32

33

34

35

9

2

3

4

5

6

7

8

9

10

11

12

13

14

15

16

17

23

18

24

19

25

20

26

21

27

22

184일 。   년   월   일

10

2

3

4

5

6

7

8

9

10

11

12

13

14

15

16

17

18

19

20

21

22

23

24

25

26

27

28

29

30

31

32

33

34

35

36

37

38

39

40

41

42

43

185일。 년 월 일

11

2

3

4

5

6

7

8

9

10

11

12

13

14

15

16

17

18

19

20

21

22

23

186일.　　년　월　일

12

2

3

4

5

6

7

8

9

10

11

12

13

14

15

16

17

18

19

20

21

22

23

24

187일。   년   월   일

13

2

3

4

5

6

7

8

9

10

11

12

13

14

15

16

17

18

19

20

21

22

23

24

25

26

27

28

29

30

31

32

33

14

2

3

4

5

6

7

8

9

10

11

12

13

14

15

188일。   년   월   일

15

2

3

4

5

6

7

8

9

10

11

12

13

14

15

16

17

18

19

20

21

22

23

24

25

26

27

28

29

30

31

32

189일。　　　　년　　　월　　　일

33

34

35

36

37

38

39

40

41

42

43

44

45

46

47

48

49

50

51

52

53

54

55

56

57

58

59

60

61

62

63

190일 。 　　년　　월　　일

16

2

3

4

5

6

7

8

9

10

17

2

3

4

5

6

7

8

9

10

11

12

13

14

15

16

17

18

191일。　　　　　년　　　월　　　일

18

2

3

4

5

6

7

8

9

10

11

12

13

14

15

16

17

18

19

20

21

22

23

24

25

26

27

28

192일.   년   월   일

19

2

3

4

5

6

7

8

9

10

11

12

13

14

15

16

17

18

19

20

21

22

23

193일。	년	월	일

24

25

26

27

28

29

30

31

32

33

34

35

36

37

38

39

40

41

42

43

44

45

46

47

48

49

50

51

20

2

3

4

5

6

7

8

9

194일。　　　년　월　일

21

2

3

4

5

6

7

8

9

10

11

12

13

14

15

16

17

18

19

20

21

22

23

24

25

26

27

28

29

30

31

32

33

34

35

36

37

38

39

40

41

42

43

44

45

6

195일。　　　년　　월　　일

22

7

2

3

8

4

9

5

10

11

12

13

14

15

16

17

18

19

20

21

22

23

24

25

26

27

28

29

30

31

32

33

34

196일。   년   월   일

23

2

3

4

5

6

7

8

9

10

11

12

13

14

15

16

24

2

3

4

5

6

7

8

9

10

11

12

13

14

15

16

17

18

19

20

21

22

23

24

25

26

27

28

29

30

31

32

33

사사기

저자	알려지지 않음
기록 목적	이스라엘이 회개했을 때 하나님이 사사를 통해 구원하신 사실을 보여 주기 위해 기록되었다.
구성	1-2장: 모든 땅 정복 실패 3-16장: 하나님이 사사들을 보내심 17-21장: 이스라엘의 타락
핵심 메시지	하나님은 자기 백성을 이끄시고 보호하신다.
주요 내용	사사기는 가나안 정복과 땅 분배가 이루어진 이후, 여호수아가 죽은 이후부터 왕이 세워지기까지 이스라엘의 역사를 기록하고 있다. 사사기는 이스라엘 백성이 어려울 때 하나님이 '사사'를 세워 그들을 구해 살리신 이야기를 전해 준다. '사사'란 하나님이 세우신 지도자로서 '재판관'이라는 의미를 가지고 있다. 군사적 지도자이면서 분쟁 조정자 역할도 했다. 사사는 2대, 3대로 세습되지는 않았다. 필요할 때마다 하나님이 사사를 세워서 이스라엘 백성이 살아남게 하셨다. 안정되지 않고, 연속성도 없으며, 늘 불확실성 속에서 살아가는 것 같지만 하나님은 한 번도 외면하시지 않고 자기 백성을 이끄시고 보호하셨다.

197일。　　　년　　월　　일

1

2

3

4

5

6

7

8

9

10

11

12

13

14

15

16

17

18

19

20

21

22

23

24

25

26

27

28

29

30

31

32

33

34

35

36

198일。   년   월   일

2

2

3

4

5

6

7

8

9

10

11

12

13

14

15

16

17

18

19

20

21

22

23

| **199일**。 | 년 | 월 | 일 |

3

2

3

4

5

6

7

8

9

10

11

12

13

14

15

16

17

18

19

20

21

22

23

24

25

26

27

28

29

30

31

200일。　　　　년　　월　　일

4

2

3

4

5

6

7

8

9

10

11

12

13

14

15

16

17

18

19

20

21

22

23

24

201일.　　　년　　　월　　　일

5

2

3

4

5

6

7

8

9

10

11

12

13

14

15

16

17

18

19

20

21

22

23

24

25

26

27

2

28

29

30

31

202일。   년   월   일

6

3

4

5

6

7

8

9

10

11

12

13

14

15

16

17

18

19

20

21

22

23

24

25

26

27

28

29

30

31

32

33

34

35

36

37

38

39

40

203일 。　　　년　　월　　일

7

2

3

4

5

6

7

8

9

10

11

12

13

14

15

16

17

18

19

20

21

22

23

24

25

204일 。　　년　　월　　일

8

2

3

4

5

6

7

8

9

10

11

12

13

14

15

16

17

18

19

20

21

22

23

24

25

26

27

28

29

30

31

32

3

33

4

34

5

35

205일。　　　년　　월　　일

6

9

7

2

8

9

10

11

12

13

14

15

16

17

18

19

20

21

22

23

24

25

26

27

28

29

30

31

32

33

34

35

36

37

38

39

40

41

42

43

44

45

206일。	년	월	일

46

47

48

49

50

51

52

53

54

55

56

57

10

2

3

4

5

6

7

8

9

10

11

12

13

14

15

16

17

18

207일。　　　　년　　　월　　　일

11

2

3

4

5

6

7

8

9

10

11

12

13

14

15

16

17

18

19

20

21

22

23

24

25

26

27

28

29

30

31

32

33

34

35

36

37

38

39

40

208일。 　　년　　월　　일

12

2

3

4

5

6

7

8

9

10

11

12

13

14

15

13

2

3

4

5

6

7

8

9

10

11

12

13

14

15

16

17

18

19

20

21

22

23

24

25

209일 。   년   월   일

14

2

3

4

5

6

7

8

9

10

11

12

13

14

15

16

17

18

19

20

15

2

3

4

5

6

7

8

9

10

11

12

13

14

15

16

17

18

19

20

210일.　　년　월　일

16

2

3

4

5

6

7

8

9

10

11

12

13

14

15

16

17

18

19

20

21

22

23

24

25

26

27

28

29

30

31

5

211일。   년   월   일

17

2

3

4

6

7

8

9

10

11

12

13

18

2

3

4

5

6

7

8

9

10

212일.   년   월   일

11

12

13

14

15

16

17

18

19

20

21

22

23

24

25

26

27

28

29

30

31

213일。　　　년　　　월　　　일

19

2

3

4

5

6

7

8

9

10

11

12

13

14

15

16

17

18

19

20

21

22

23

24

25

26

27

28

29

30

214일.　　　　년　　월　　일

20

2

3

4

5

6

7

8

9

10

11

12

13

14

15

16

17

18

19

20

21

22

23

24

25

26

27

28

29

30

31

32

33

34

35

36

37

38

39

40

41

42

43

44

45

4

46

5

47

6

48

215일。   년   월   일
21

7

2

8

3

9

10

11

12

13

14

15

16

17

18

19

20

21

22

23

24

25

Ruth

룻기

저자	알려지지 않음
기록 목적	룻이라는 한 이방 여인을 구원하시는 하나님의 이야기로서, 하나님의 구속하심과 다윗왕의 중요한 계보를 소개하기 위해 기록되었다.
구성	1:1-5 : 룻이 모압 땅에서 홀로됨 1:6-22 : 룻이 베들레헴으로 옴 2:1-4:17 : 룻이 보아스와 결혼을 함 4:18-22 : 룻이 다윗 가문의 여인이 됨
핵심 메시지	하나님은 절망을 소망으로 바꾸신다.
주요 내용	룻이라는 한 여인의 인생을 다시 일으켜 세워 주신 하나님의 이야기다. 사사 시대가 배경이다. 하나님은 룻이라는 이방 여인의 인생을 돌보셨고, 그녀를 다윗 가문의 한 사람으로 세워 주셨다. 또한 메시아 가문의 한 여인이 되게 하셨다. 인생과 역사를 주관하시는 분은 하나님이시다.

216일 。 　　　년　　　월　　　일

1

2

3

4

5

6

7

8

9

10

11

12

13

14

15

16

17

18

19

20

21

22

217일. 년 월 일

2

룻기   2장 2절 ~ 2장 12절

2

3

4

5

6

7

8

9

10

11

12

13

14

15

16

17

18

19

20

21

22

23

218일。　　　년　월　일

3

2

3

4

5

6

7

8

9

10

11

12

13

14

15

16

17

18

4

2

3

4

5

6

7

8

9

10

11

12

13

14

15

16

17

18

19

20

21

22

사무엘상

저자	알려지지 않음
기록 목적	BC 12-10세기경의 이스라엘 역사를 다루면서 하나님의 뜻과 통치가 다윗 왕가를 통해 실현되었음을 보여 주기 위해 기록되었다.
구성	1-3장: 사무엘의 출생 이야기 4-15장: 사울의 이야기 16-31장: 사울과 왕위에 오르기 전 다윗의 이야기
핵심 메시지	인생과 역사의 주관자는 하나님이시다.
주요 내용	사무엘상에는 이스라엘의 마지막 사사이자 첫 예언자인 사무엘과 이스라엘의 첫 번째 왕 사울의 이야기, 그리고 왕위에 오르기 전 다윗의 이야기가 기록되어 있다. 사무엘상, 사무엘하를 관통하고 있는 역사관은 '하나님이 다스리신다'이다. 역사의 주관자는 하나님이시라는 뜻이다. 수많은 인간이 태어나고 죽어 간다. 다양한 사건들이 일어난다. 이해하기 힘든 사건도 일어난다. 그 모든 사건은 우연이 아니라 하나님의 섭리다. 왕을 세우시고 폐하시는 분도, 인생을 다스리시고 역사를 주관하시는 분도 하나님이시다. 성경에는 이러한 역사관을 따라서 수많은 사건이 기록되어 있다.

219일。	년	월	일

1

2

3

4

5

6

7

8

9

10

11

12

13

14

15

16

17

18

19

20

21

22

23

24

25

26

27

28

220일. 　　　년　　월　　일

2

2

3

4

5

6

7

8

9

10

11

12

13

14

15

16

17

18

19

20

21

22

23

24

25

26

27

28

29

30

31

32

33

34

35

36

221일。　　　　　년　　　월　　　일

3

2

3

4

5

6

7

8

9

10

11

12

13

14

15

16

17

18

19

20

21

222일.　　　　년　　　월　　　일

4

2

3

4

5

6

7

8

9

10

11

12

13

14

15

16

17

18

19

20

21

22

5

2

3

4

5

6

7

8

9

10

11

5

12

223일.　　　년　　월　　일

6

6
2

7

3

8

4

9

10

11

12

13

14

15

16

17

18

19

20

21

7

2

3

4

5

6

7

8

9

10

11

12

13

14

15

16

17

224일。   년   월   일

8

2

3

4

5

6

7

8

9

10

11

12

13

14

15

16

17

18

19

20

21

22

225일。　　　　년　　　월　　　일

9

2

3

4

5

6

7

8

9

10

11

12

13

14

15

16

17

18

19

20

21

22

226일.　　년　월　일

10

23

24

25

26

27

2

3

4

5

6

7

8

9

10

11

12

13

14

15

16

17

18

24

19

25

26

20

27

21

227일.　　　년　　월　　일

11

22

2

23

3

4

5

6

7

8

9

10

11

12

13

14

15

12

2

3

4

5

6

7

8

9

10

11

12

13

14

15

16

17

18

19

20

21

22

23

24

25

228일。　　　년　　월　　일

13

2

3

4

5

6

7

8

9

10

11

12

13

14

15

16

17

18

19

20

21

22

23

229일。   년   월   일

14

2

3

4

5

6

7

8

9

10

11

12

13

14

15

16

17

18

19

20

21

22

23

230일。　　　년　　　월　　　일

24

25

26

27

28

29

30

31

32

33

34

35

36

37

38

39

40

41

42

43

44

45

46

47

48

49

50

51

52

231일。　　　년　　월　　일

15

2

3

4

5

6

7

8

9

10

11

12

13

14

15

사무엘상 15장 16절 ~ 15장 26절

16

17

18

19

20

21

22

23

24

25

26

27

28

29

30

31

32

33

34

35

232일. 　　　　　년　　　월　　　일

16

2

3

4

5

6

7

8

9

10

11

12

13

14

15

16

17

18

19

20

21

22

23

233일。   년   월   일

17

2

3

4

5

6

7

8

9

10

11

12

13

14

15

16

17

18

19

20

21

22

23

24

25

26

27

234일。	년	월	일

28

29

30

31

32

33

34

35

36

37

38

39

40

41

42

43

44

45

46

47

48

49

50

51

52

53

54

55

56

57

58

235일。   년   월   일

18

2

3

4

5

6

7

8

9

10

11

12

13

14

15

16

17

18

19

20

21

22

23

24

25

26

27

28

29

30

236일。   년   월   일

19

2

3

4

5

6

7

8

9

10

11

12

13

14

15

16

17

18

19

20

21

22

23

24

237일。   년   월   일

20

2

3

4

5

6

7

8

9

10

11

12

13

14

15

16

17

18

19

20

21

22

23

24

25

26

27

28

29

30

31

32

33

34

35

36

37

38

39

40

41

42

238일。　　　年　·　月　　·　일
21

2

3

4

5

6

7

8

9

10

11

12

13

14

15

22

2

3

4

5

6

7

8

9

10

11

12

13

14

19

20

21

22

15

23

16

17

239일。　　　　년　　월　　일

23

18

2

3

4

5

6

7

8

9

10

11

12

13

14

15

16

17

18

19

20

21

22

23

24

25

26

27

28

29

240일.　　　　년　　　월　　　일

24

2

3

4

5

6

7

8

9

10

11

12

13

14

15

16

17

18

19

20

21

22

241일.　　　　년　　월　　일

25

2

3

4

5

6

7

8

9

10

11

12

13

14

15

16

17

18

19

20

21

22

23

24

25

26

27

28

29

30

31

32

33

34

35

36

37

38

39

40

41

42

43

44

242일。   년   월   일

26

2

3

4

5

6

7

8

9

10

11

12

13

14

15

16

17

18

19

20

21

22

23

24

25

27

2

3

4

5

6

7

8

9

10

11

12

243일。   년   월   일

28

2

3

4

5

6

7

8

9

10

11

12

13

14

15

16

17

18

19

20

21

22

23

24

25

29

2

3

8

4

9

5

10

6

11

244일。   년   월   일

30

7

2

3

4

5

6

7

8

9

10

11

12

13

14

15

21

16

22

17

23

18

19

24

20

25

26

4

27

28

29

5

30

6

31

7

31

2

8

3

9

10

11

12

13

사무엘하

저자	알려지지 않음
기록 목적	다윗 통치의 역사를 통해 하나님 앞에서 올바른 통치가 무엇인가를 보여 준다.
구성	1장: 사울의 죽음을 슬퍼하는 다윗 2-24장: 왕이 되어 이스라엘을 다스리는 다윗
핵심 메시지	인생과 역사의 주관자는 하나님이시다.
주요 내용	사무엘하에는 다윗이 이스라엘을 통치하는 이야기가 기록되어 있다. 다윗이 약속의 땅을 정복하고 영토를 확장하는 내용과 다윗의 죄와 그 죄 때문에 일어난 다윗 가족의 반목과 불화를 다루고 있다. 사무엘상처럼 사무엘하에 흐르는 역사관은 '하나님이 다스리신다'이다. 비록 다윗은 죄를 지었지만 하나님은 그가 돌이켜 회개했을 때 그를 용서하시고 구원해 주셨다. 사무엘서를 통해 인간의 연약함에도 끊임없이 용납하시고 함께하시는 하나님, 참 좋으신 하나님을 만날 수 있다.

사무엘하   1장 1절 ~ 1장 13절

245일。　　　　년　　　월　　　일

1

2

3

4

5

6

7

8

9

10

11

12

13

14

15

16

17

18

19

20

21

22

23

24

25

26

27

2

246일 。 년 월 일

2

3

4

5

6

7

8

9

10

11

12

13

14

15

16

17

18

19

20

21

22

23

24

25

26

247일.　　　　년　　월　　일

3

27

2

28

3

29

4

30

5

31

6

32

7

8

9

10

11

12

13

14

15

16

17

18

19

20

21

22

23

24

25

26

27

28

29

30

31

32

33

34

35

36

37

38

39

248일。	년	월	일

4

2

3

4

5

6

7

8

9

10

11

12

5

2

3

4

5

6

7

8

9

10

11

12

13

14

15

16

17

18

19

21

22

23

24

25

249일 。   년   월   일

6

2

20

3

4

5

6

7

8

9

10

11

12

13

14

15

16

17

18

19

20

21

22

23

250일。 년 월 일

7

2

3

4

5

6

7

8

9

10

11

12

13

14

15

16

17

18

19

20

21

22

23

24

25

26

27

28

29

251일. 년 월 일

8

2

3

4

5

6

7

8

9

10

11

12

13

14

15

16

17

18

9

2

3

4

5

6

7

8

9

10

11

12

13

252일. 년 월 일

10

2

3

4

5

6

사무엘하 10장 7절 ~ 10장 19절

7

8

9

10

11

12

13

14

15

16

17

18

19

215

11

2

3

4

5

6

7

8

9

10

11

12

13

14

15

16

17

18

19

20

21

22

23

24

25

4

26

5

27

6

253일。　　　년　　월　　일

12

7

2

3

8

9

10

11

12

13

14

15

16

17

18

19

20

21

22

23

24

25

26

27

28

29

30

31

254일.   년   월   일

13

2

3

4

5

6

7

8

9

10

11

12

13

14

15

16

17

18

19

20

21

22

23

24

25

26

27

28

29

30

31

32

33

34

35

36

37

38

39

255일.　　　년　　월　　일

14

2

3

4

5

6

7

8

9

10

11

12

13

14

15

16

17

18

19

20

21

22

23

24

25

26

27

28

29

30

31

32

33

256일. 　　　년　　월　　일

15

2

3

4

5

6

7

8

9

10

11

12

13

14

15

16

17

18

19

20

21

22

23

24

25

26

27

28

29

30

31

32

33

34

35

36

37

257일.　　　　년　　　월　　　일

16

2

3

4

5

6

사무엘하   16장 7절 ~ 16장 18절

7

8

9

10

11

12

13

14

15

16

17

18

258일.　　　　　년　　월　　일

17

19

20

21

22

23

2

3

4

5

6

7

사무엘하 17장 8절 ~ 17장 17절

8

9

10

11

12

13

14

15

16

17

18

19

20

21

22

23

24

25

26

27

28

4

29

259일。   년   월   일

18

2

3

5

6

7

8

9

10

11

12

13

14

15

16

17

18

19

20

21

22

23

24

25

26

27

28

29

30

31

32

33

| **260일.** | 년 월 일 |

19

2

3

4

5

6

7

8

9

10

11

12

13

14

15

16

17

18

19

20

21

22

23

24

25

26

27

28

29

30

31

32

33

34

35

36

37

38

39

40

41

42

43

261일。   년   월   일

20

2

3

4

5

6

7

8

9

10

11

12

13

14

15

16

17

18

19

20

21

22

23

24

25

26

262일。   년   월   일

21

2

3

4

5

6

7

8

9

10

11

12

13

14

15

16

17

18

19

20

21

22

263일。   년   월   일

22

2

3

4

5

6

7

8

9

10

11

12

13

14

15

16

17

18

19

20

21

22

23

24

25

26

27

28

29

30

31

32

33

34

35

36

37

38

39

40

41

42

43

44

45

46

47

48

49

50

51

264일。　　　년　　월　　일

23

2

3

4

5

6

7

8

9

10

11

12

13

14

15

16

17

18

19

20

21

22

23

24

25

26

27

28

29

30

31

32

33

34

35

36

37

38

39

265일.   년   월   일

24

2

3

4

5

6

7

8

9

10

11

12

13

14

15

16

17

18

19

20

21

22

23

24

25

열왕기상

저자	알려지지 않음
기록 목적	이스라엘과 유다의 왕들에 관한 기록을 보존하고 왕들의 행적과 업적을 통해 역사의 교훈을 가르치기 위해 기록되었다.
구성	1-2장: 다윗의 죽음과 솔로몬의 즉위 3-11장: 솔로몬의 통치 12-13장: 남북 분열 14-16장: 남북 여러 왕들의 이야기 17-22장: 아합왕의 이야기
핵심 메시지	인생과 역사의 주관자는 하나님이시다.
주요 내용	열왕기는 다윗의 죽음 이후 솔로몬과 남북 왕들의 이야기다. 열왕기상에는 솔로몬부터 분열왕국 전반기까지의 사건들이 기록되어 있다. 솔로몬의 즉위와 통치, 성전 건축 이야기가 소개되었으며 그가 죽은 후 이스라엘 왕국이 분열되어 여러 왕들이 어떻게 통치했는가가 나와 있다. 열왕기는 모든 왕을 동일한 분량으로 나누어 같은 비중으로 다루는 것이 아니라 어떤 왕은 상세하게, 어떤 왕은 스케치를 하듯 기록하고 있다. 이러한 집필은 왕들의 이야기를 통해 백성에게 메시지를 전하기 위함이다. 사무엘서와 마찬가지로 열왕기에 흐르는 역사관도 '하나님이 다스리신다'이다. 왕들이 차례로 즉위하고 물러나면서 나라를 다스렸지만, 역사를 주관하시는 분은 하나님이시다. 하나님은 선지자들을 보내 계속 말씀하셨고, 그 말씀대로 역사를 운행해 가셨다.

열
왕
기
상

열왕기상 1장 1절 ~ 1장 13절

266일。　　　년　　월　　일

1

2

3

4

5

6

7

8

9

10

11

12

13

열왕기상 1장 14절 ~ 1장 27절

14

15

16

17

18

19

20

21

22

23

24

25

26

27

28

29

30

31

267일.   년   월   일

32

33

34

35

36

37

38

39

40

41

42

43

44

45

46

47

48

49

50

51

52

53

| 268일。 | 년 | 월 | 일 |

2

2

3

4

5

6

7

8

9

10

11

12

13

14

15

16

17

18

19

20

21

22

23

24

25

26

27

28

29

30

31

32

33

34

35

36

37

38

39

40

41

42

43

44

45

46

| **269일** 。 | 년 | 월 | 일 |

3

2

3

4

5

6

7

8

9

10

11

12

13

14

15

16

17

18

19

20

21

22

23

24

25

26

27

28

4

2

3

4

5

6

7

8

9

10

11

12

13

14

15

16

17

18

19

20

21

22

23

24

25

26

27

34

271일.　　　　년　　월　　일

5

28

29

2

30

3

31

4

32

33

5

6

7

8

9

10

11

12

13

14

15

16

17

18

6

2

3

4

5

6

7

8

9

10

11

12

13

272일。　　　　년　　　월　　　일

14

15

16

17

18

19

20

21

22

23

24

25

26

27

28

29

30

31

32

33

34

35

36

37

38

7

2

3

4

5

6

7

8

16

9

17

10

18

11

12

273일。　　　년　　월　　일　19

13

14

20

15

21

22

23

24

25

26

27

28

29

30

31

32

33

34

열왕기상 7장 35절 ~ 7장 49절

35

36

37

38

39

40

41

42

43

44

45

46

47

48

49

275

50

51

| **274일** 。 | | 년 | 월 | 일 |

8

2

3

4

5

6

7

8

9

10

11

12

13

14

15

16

17

18

19

20

21

275일.　　　　년　　월　　일

22

23

24

25

26

27

28

29

30

31

32

33

34

35

36

37

38

39

40

41

42

43

44

45

46

47

48

49

50

51

52

53

54

55

56

57

58

59

60

61

62

63

64

65

66

276일.　　　년　　월　　일

9

2

3

4

5

6

7

8

9

10

11

12

13

14

15

16

17

18

19

20

21

22

23

24

25

26

27

7

28

277일。   년   월   일

10

8

2

9

3

10

4

11

5

12

6

13

14

15

16

17

18

19

20

21

22

23

24

25

26

27

4

28

29

278일 。 년 월 일

11

5

6

7

2

8

9

3

10

11

12

13

14

15

16

17

18

19

20

21

22

23

24

25

26

27

28

29

30

31

32

33

34

35

36

37

38

39

40

41

42

43

279일。　　　년　　월　　일

12

2

3

4

5

6

7

8

9

10

11

12

13

14

15

16

17

18

19

20

21

22

23

24

25

26

27

33

28

29

30

31

32

| 280일。 | 년 | 월 | 일 |

13

2

3

4

5

6

7

8

9

10

11

12

13

14

15

16

17

18

19

20

21

22

23

24

25

26

27

28

34

29

30

31

32

33

281일。　　　　　　년　　　월　　　일

14

2

3

4

5

6

7

8

9

10

11

12

13

14

15

16

17

18

19

20

21

22

23

24

25

26

27

28

29

30

31

6

7

282일 。　　　　　년　　　월　　　일

15

8

2

9

3

10

4

11

12

13

5

14

15

16

17

18

19

20

21

22

23

24

25

26

27

28

29

30

31

32

33

34

283일.   년   월   일

16

2

3

4

5

6

7

8

9

10

11

12

13

14

15

16

17

18

19

20

21

22

23

24

25

26

27

28

29

30

31

32

33

34

284일。   년   월   일

17

2

3

4

5

6

7

8

9

10

11

12

13

14

15

16

17

18

19

20

21

22

23

24

285일。　　　년　　월　　일

18

2

3

4

5

6

7

8

9

10

11

12

13

14

15

16

17

18

19

20

21

22

23

24

25

26

27

28

29

30

31

32

33

34

35

36

43

37

44

38

45

39

46

40

286일。 　　　년　　월　　일

19

41

42

2

3

4

5

6

7

8

9

10

11

12

13

14

15

16

17

18

19

20

21

287일.　　　　　　년　　　월　　　일

20

2

3

4

5

6

7

8

9

10

11

12

13

14

15

16

17

18

19

20

21

22

23

24

25

26

27

28

29

30

31

32

33

34

35

36

37

38

39

40

41

42

43

288일。　　　　년　　　월　　　일

21

2

3

4

5

6

7

8

9

10

11

12

13

14

15

16

17

18

19

20

21

22

23

24

25

26

27

28

29

289일.　　　년　　월　　일

22

2

3

4

5

6

7

8

9

10

11

12

13

14

15

16

17

18

19

20

21

22

290일。   년   월   일

29

30

23

24

31

25

32

26

27

33

28

34

35

36

37

38

39

40

41

42

43

44

45

46

47

48

49

50

51

52

53

열왕기하

저자	알려지지 않음
기록 목적	이스라엘과 유다 왕국이 몰락해 가는 모습을 이야기하면서 회개하지 않으면 하나님이 심판을 내리실 것이라고 경고한다. 순종과 불순종이 어떤 결과를 가져오는지 자세히 알리는 데 목적이 있다.
구성	1-16장: 여러 왕들의 이야기 17-18장: 북 이스라엘의 멸망 18-20장: 히스기야왕의 이야기 21장: 므낫세와 아몬왕의 이야기 22-23장: 요시야왕의 개혁 24-25장: 남 유다의 멸망
핵심 메시지	인생과 역사의 주관자는 하나님이시다.
주요 내용	열왕기하에는 분열왕국 후반기부터 남 유다 멸망까지의 사건들이 기록되어 있다. 북 이스라엘은 앗수르에 의해 멸망했고, 남 유다는 풍전등화같이 겨우 나라의 명맥만 유지하고 있었다. 히스기야, 요시야왕같이 하나님이 보시기에 선한 왕들도 있었지만 대부분은 악을 저질렀다. 열왕기에서 반복되는 표현은 '여호와께서 보시기에'이다. 인생과 역사에 대한 평가에 있어서 핵심은 바로 '하나님이 보시기에 어떻게 살았는가?'이다. 하나님은 선지자들을 보내 회개하고 돌아오라고 외치셨지만 이스라엘 백성은 끝내 돌이키지 않았다. 그래서 그 땅에서 쫓겨나 포로 생활을 하게 되었다. 그러나 하나님은 그들을 버리지 않으셨다. 70년 후 다시 돌아오게 하겠다고 약속하셨기 때문이다.

291일 。   년   월   일

1

2

3

4

5

6

7

8

9

10

11

12

13

14

15

16

17

18

2

2

3

4

5

6

7

8

9

10

11

12

13

14

15

16

17

18

19

20

21

22

23

24

25

293일。　　　　년　　월　　일

3

2

3

4

5

6

7

8

9

10

11

12

13

14

15

16

17

18

19

20

21

22

23

24

25

26

27

294일。　　　　　년　　　월　　　　일

4

2

3

4

5

6

7

열왕기하 4장 8절 ~ 4장 20절

8

9

10

11

12

13

14

15

16

17

18

19

20

21

22

23

24

25

26

27

28

29

30

31

32

33

34

35

36

37

38

39

40

41

42

43

44

295일。　　　년　　월　　일

5

2

3

4

5

6

7

8

9

10

11

12

13

14

15

16

17

18

19

20

21

22

23

24

25

26

27

296일。   년   월   일

6

2

3

4

5

6

7

8

9

10

11

12

13

14

15

16

17

18

19

20

21

22

23

24

25

26

27

28

33

29

297일.   년   월   일

7

30

31

2

32

3

4

5

6

7

8

9

10

11

12

13

14

15

16

17

18

19

20

298일.		년	월	일

8

2

3

4

5

6

7

8

9

10

11

12

13

14

15

16

17

18

19

20

21

22

23

24

25

26

27

28

29

299일.　　　　　년　　월　　일

9

2

3

4

5

6

7

8

9

10

11

12

13

14

15

16

17

18

19

20

21

22

23

24

25

26

27

28

29

30

31

32

33

34

35

36

37

300일。　　　　　년　　　월　　　일

10

2

3

4

5

6

7

8

9

10

11

12

13

14

15

16

17

18

19

20

21

22

23

24

25

26

27

28

29

30

31

32

33

34

35

36

301일。   년   월   일

11

2

3

4

5

6

7

8

9

10

11

12

13

14

15

16

17

18

19

20

21

302일。　　　　　년　　　월　　　일

12

2

3

4

5

6

7

8

9

10

11

12

13

14

15

16

17

18

19

20

21

303일。　　　　　년　　　월　　　일

13

2

3

4

5

6

7

8

9

10

11

12

13

14

15

16

17

18

19

20

21

22

23

24

25

304일.　　　　　년　　　월　　　일

14

2

3

4

5

6

7

8

9

10

11

12

13

14

15

16

17

18

19

20

21

22

23

24

25

26

27

28

29

305일。　　　　년　　　월　　　일
15

2

3

4

5

6

7

8

9

10

11

12

13

14

15

16

17

18

19

20

21

22

23

24

25

26

27

28

29

30

31

32

33

34

35

36

37

38

306일.　　년　월　일

16

2

3

4

5

6

7

8

9

10

11

12

13

14

15

16

17

18

19

20

307일。　　　　년　　　월　　　일

17

2

3

4

5

6

7

8

9

10

11

12

13

14

15

16

17

18

19

20

21

22

23

24

25

26

27

28

29

30

31

32

33

34

35

36

37

38

39

40

41

18

2

3

4

5

6

7

8

9

10

11

12

13

14

15

16

17

18

19

20

21

22

23

24

25

26

27

28

29

30

31

32

33

34

35

36

37

309일。　　　　　　년　　　월　　　일

19

2

3

4

5

6

7

8

9

10

11

12

13

14

15

16

17

18

19

20

21

22

23

24

25

26

27

28

29

30

31

32

33

34

35

36

37

310일。   년   월   일

20

2

3

4

5

6

7

8

9

10

11

12

13

14

15

16

17

18

19

20

21

311일。　　　　　년　　　월　　　일

21

2

3

4

5

6

7

8

9

10

11

12

13

14

15

16

17

26

18

312일。   년   월   일

22

19

2

20

3

21

4

22

5

23

24

25

6

7

8

14

9

15

10

16

11

12

17

13

18

3

19

4

20

5

313일。 　　　년　　　월　　　일

23

2

6

열왕기하 23장 7절 ~ 23장 16절

7

8

9

10

11

12

13

14

15

16

378

17

18

19

20

21

22

23

24

25

26

27

28

29

30

31

32

33

34

35

36

37

314일 。   년   월   일

24

2

3

4

5

6

7

8

9

10

11

12

13

14

315일.   년   월   일

25

15

16

2

17

3

18

4

19

5

20

6

7

8

9

10

11

12

13

14

15

16

17

18

19

20

21

22

23

24

25

26

27

28

29

30

역대상

저자	에스라로 추정
기록 목적	하나님이 통치하시는 영광스런 국가를 다시 일으키고 하나님이 주신 약속의 땅에서 새로운 삶을 살도록 격려하기 위해 기록되었다.
구성	1-9장: 족보 이야기 10장: 사울왕 이야기 11-29장: 다윗왕 이야기
핵심 메시지	인생과 역사의 주관자는 하나님이시다.
주요 내용	역대기는 이스라엘에 일어난 역사적 사건들에 대한 기록이다. 역대기는 최초의 인간인 아담의 이름에서 시작하고(대상 1:1), 바사(페르시아)왕 고레스의 바벨론 포로 귀환 명령(대하 36:22-23)으로 마무리된다. 역대상에는 족보 이야기와 사울왕 이야기, 다윗왕 이야기가 기록되어 있다. 족보 이야기가 1-9장까지 길게 등장하는 이유는 인간은 태어나고 죽어 가지만 하나님은 언제나 살아 계셔서 역사를 이끄심을 알려 주기 위해서다. 아브라함에게 하신 약속대로 하나님은 큰 민족을 이루어 주셨다. 역대상은 다윗왕 이야기를 길게 기록하고 있다(대상 11-29장). 그 중에서도 성전 건축을 준비하는 이야기를 자세히 기록했다. 다윗을 왕으로 세우신 분은 하나님이시고, 그를 형통하게 하신 분 역시 하나님이시다. 역대기는 세 가지를 부각시킨다. 첫째는 다윗왕이고, 둘째는 율법이고, 셋째는 성전이다. 사무엘서와 열왕기가 왕들의 치세를 강조한 반면 역대기에는 유다를 중심으로 한 역사가 기록되어 있다.

역
대
상

316일。　　　년　　월　　일

1
　2
3
4
5
6
7
8
9
10
11
12
13

14
15
16
17
18
19
20
21
22
23
24
25
26
27

28

29

30

31

32

33

34

35

36

37

38

39

40

41

42

317일。   년   월   일

43

44

45

46

47

48

49

50

51

52

53

54

2

2

3

4

5

6

7

8

9

10

11

12

13

14

15

16

17

18

19

20

21

22

23

24

318일。   년   월   일

25

26

27

28

29

30

31

32

33

34

35

36

37

38

39

40

41

42

43

44

45

46

47

48

49

50

51

52

53

54

55

319일。   년   월   일

3

2

3

4

5

6

7

8

9

10

11

12

13

14

15

16

17

18

19

20

21

22

23

24

320일。	년	월	일

4

2

3

4

5

6

7

8

9

10

11

12

13

14

15

16

17

18

19

20

21

22

23

24

25

26

27

28

29

30

31

32

33

34

35

36

37

38

39

40

41

42

43

321일。　　　년　　　월　　　일

5

2

3

4

5

6

7

8

9

10

11

12

13

14

15

16

17

18

19

20

21

22

23

24

25

26

322일. 　　년　　월　　일

6

2

3

4

5

6

7

8

9

10

11

12

13

14

15

16

17

18

19

20

21

22

23

24

25

26

27

28

29

30

31

32

33

34

35

36

37

38

39

40

41

42

43

44

45

46

47

48

323일.　　　　　년　　　월　　　일

49

50

51

52

53

54

55

56

57

58

59

60

61

62

63

64

65

66

67

68

69

70

71

72

73

74

75

76

77

78

79

80

81

324일.   년   월   일

7

2

3

4

5

6

7

8

9

10

11

12

13

14

15

16

17

18

19

20

21

22

23

24

25

26

27

28

29

30

31

32

33

34

35

36

37

38

39

40

325일.   년   월   일

8

2

3

4

5

6

7

8

9

10

11

12

13

14

15

16

17

18

19

20

21

22

23

24

25

26

27

28

29

30

31

32

33

34

35

36

37

38

39

40

326일 。　　　　년　　　월　　　일

9

2

3

4

5

6

7

8

9

10

11

12

13

14

15

16

17

18

19

20

21

22

23

24

25

26

27

28

29

30

31

32

33

34

35

36

37

38

39

40

41

42

43

44

327일 。 년 월 일

10

2

3

4

5

6

7

8

9

10

11

12

13

14

11

2

3

4

5

6

7

8

9

328일。   년   월   일

10

11

12

13

14

15

16

17

18

19

20

21

22

23

24

25

26

27

28

29

30

31

32

33

34

35

36

37

38

39

40

41

42

43

44

45

46

47

329일.　　　　년　　　월　　　일

12

2

3

4

5

6

7

8

9

10

11

12

13

14

15

16

17

18

19

20

21

22

23

24

25

26

27

28

29

30

31

32

33

34

35

36

37

38

39

40

330일。   년   월   일

13

2

3

4

5

6

7

8

9

10

11

12

13

14

14

2

3

4

5

6

7

8

9

10

11

12

13

14

15

16

17

331일。   년   월   일

15

2

3

4

5

6

7

8

9

10

11

12

13

14

15

16

17

18

19

20

21

22

23

24

25

26

27

28

29

332일。　　　　년　　월　　일

16

2

3

12-13

4

5

14

15

16

6

17

7

18

8

19

9

20

10

21

11

22

23

24

25

26

27

28

29

30

31

32

33

34

35

36

37

38

39

40

41

42

43

333일。   년   월   일

17

2

3

4

5

6

7

8

9

10

11

12

13

14

15

16

17

18

19

20

21

27

22

23

24

25

26

334일。　　　년　　월　　일

18

2

3

4

5

6

7

8

9

10

11

12

13

14

15

16

17

335일。   년   월   일

19

2

3

4

5

6

7

8

9

10

11

12

13

14

15

16

17

18

19

20

2

3

4

5

6

7

8

5

6

336일.   년   월   일

21

7

8

2

9

3

10

4

11

12

13

14

15

16

17

18

19

20

21

22

23

24

25

26

27

337일。   년   월   일

28

29

30

22

2

3

4

5

6

7

8

9

10

11

12

13

14

338일。　　　년　　월　　일

23

2

3

4

5

6

7

8

9

10

15

16

17

18

19

11

12

13

14

15

16

17

18

19

20

21

22

23

24

25

26

27

28

29

30

31

32

339일。　　　　　년　　　월　　　일

24

2

3

4

5

6

7

8

9

10

11

12

13

14

15

16

17

18

19

20

21

22

23

24

25

26

27

28

29

30

31

340일。   년   월   일

25

2

3

4

5

6

7

8

9

10

11

12

13

14

15

16

17

18

19

20

21

22

23

24

25

26

27

28

29

30

31

341일。　　　　년　　월　　일

26

2

3

4

5

6

7

8

9

10

11

12

13

14

15

16

17

18

19

20

21

22

23

24

25

26

27

28

29

30

31

32

342일。　　　　　년　　월　　일

27

2

3

4

5

6

7

8

9

10

11

12

13

14

15

16

17

18

19

20

21

22

23

24

25

26

27

28

29

30

31

32

33

34

| 343일。 | 년 | 월 | 일 |

28

2

3

4

5

6

7

8

9

10

11

12

13

14

15

16

17

18

19

20

21

344일。	년　월　일

29

2

3

4

5

6

7

8

9

10

11

12

13

14

15

16

17

18

19

20

21

22

23

24

25

26

27

28

29

30

역대하

저자	에스라로 추정
기록 목적	이스라엘이 하나님께 참된 예배를 드림으로써 연대 의식을 갖게 하기 위해, 그리고 유다의 선한 왕과 종교 개혁을 강조함으로써 이스라엘을 재건하기 위해 기록되었다.
구성	1-9장: 솔로몬왕 이야기 10:1-36:21: 여러 왕들의 이야기 36:22-23: 포로 귀환 명령
핵심 메시지	인생과 역사의 주관자는 하나님이시다.
주요 내용	역대하는 솔로몬에서 시작해 여러 왕들의 이야기를 전해 주며, 바사왕 고레스의 포로 귀환 명령으로 끝을 맺는다. 역대하에 기록된 분열왕국 이야기를 읽다 보면, 이야기의 흐름이 남 유다를 중심으로 전개되고 있음을 알 수 있다. 역대기 저자는 백성에게 위로와 희망을 주기 위해 역사 가운데 자긍심을 줄 수 있는 남 유다의 이야기들을 중심으로 전개했다. 포로 귀환 명령으로 마무리를 한 이유는 완전히 끝난 것 같은 이스라엘의 역사에 다시금 새로운 길을 여시는 하나님을 이야기하기 위해서다. 하나님은 언제나 완전히 끝나 버린 것 같은 막다른 길에서 다시 새로운 역사를 시작하시는 분이다.

345일。　　　년　　월　　일

1

2

3

4

5

6

7

8

9

10

11

12

13

14

15

16

17

2

2

3

4

5

6

7

8

9

10

11

12

13

14

15

16

346일.   년   월   일

17

18

3

2

3

4

5

6

7

8

9

10

11

12

13

14

15

16

17

347일.   년   월   일

4

2

3

4

5

6

7

8

9

10

11

12

13

5

14

15

16

2

17

18

3

4

19

5

20

6

21

22

7

8

9

10

11

12

13

14

348일。	년	월	일

6

2

3

4

5

6

7

8

9

10

11

12

13

14

15

16

17

18

19

20

21

22

23

24

25

26

27

28

29

30

31

32

33

34

35

36

37

38

39

40

41

42

349일 。　　　　년　　월　　일

7

2

3

4

5

6

7

8

9

10

11

12

13

14

15

16

17

18

19

20

21

22

8

2

3

4

5

6

7

8

9

10

11

12

13

14

15

16

17

18

350일. 　　　년　　월　　일

9

2

3

4

5

6

7

8

9

10

11

12

13

14

15

16

17

18

19

20

29

21

22

30

23

31

24

351일。　　　년　　　월　　　일

10

25

2

26

3

27

4

28

5

6

7

8

9

10

11

12

13

14

15

16

17

18

19

11

2

3

4

5

6

7

8

9

10

11

12

13

14

15

16

17

18

19

20

21

22

23

352일。　　　　년　　　월　　　일

12

2

3

4

5

6

7

8

9

10

11

12

13

14

15

16

13

2

3

4

5

6

7

8

9

10

11

12

13

14

15

16

17

18

19

20

21

22

353일。   년   월   일

14

2

3

4

5

6

7

8

9

10

11

12

13

14

15

15

2

3

4

5

6

7

8

9

10

11

12

13

14

15

16

17

18

19

354일. 년 월 일

16

2

3

4

5

6

7

8

9

10

11

12

13

14

17

2

3

4

5

6

7

8

9

10

11

12

13

14

15

16

17

18

19

355일。　　　년　　월　　일

18

2

3

4

5

6

7

8

9

10

11

12

13

14

15

16

17

18

19

20

21

22

23

24

25

26

27

28

29

30

31

32

33

34

19

2

3

4

5

6

7

8

9

10

11

356일.　　　년　　월　　일

20

2

3

4

5

6

7

8

9

10

11

12

13

14

15

16

17

18

19

20

21

22

역대하   20장 23절 ~ 20장 35절

23

24

25

26

27

28

29

30

31

32

33

34

35

역대하 20장 36절 ~ 21장 10절

36

37

5

6

7

357일。   년   월   일

21

8

2

9

3

10

4

482

11

12

13

14

15

16

17

18

19

20

22

2

3

4

5

6

7

8

9

10

11

12

역대하   23장 1절 ~ 23장 12절

358일。   년   월   일

23

2

3

4

5

6

7

8

9

10

11

12

13

19

14

20

21

15

359일。　　　년　　월　　일

24

16

17

2

18

3

4

5

6

7

8

9

10

11

12

13

14

15

16

17

18

19

20

21

22

23

24

25

26

27

| **360일** | 년 | 월 | 일 |

25

2

3

4

5

6

7

8

9

10

11

12

13

14

15

16

17

18

19

20

21

22

23

24

25

26

27

28

361일。   년   월   일

26

2

3

4

5

6

7

8

9

10

11

12

13

14

15

16

17

18

19

20

21

22

23

27

2

3

4

5

6

7

8

9

362일. 년 월 일

28

2

3

4

5

6

7

8

9

10

11

12

13

14

15

16

17

18

19

20

21

22

23

24

25

26

27

363일。 　　　　　　년　　　월　　　일

29

2

3

4

5

6

7

8

9

10

11

12

13

14

15

16

17

18

19

20

21

22

23

24

25

26

27

28

29

30

31

32

33

34

35

36

364일。　　　년　　월　　일

30

2

3

4

5

6

7

8

9

10

11

12

13

14

15

16

17

18

19

20

21

22

23

24

25

26

27

365일。　　　년　　월　　일

31

2

3

4

5

6

7

8

9

10

11

12

13

14

15

16

17

18

19

20

21

366일。   년   월   일

32

2

3

4

5

6

7

8

9

10

11

12

13

14

15

16

17

18

19

20

21

22

23

24

25

26

27

28

29

30

31

32

33

367일。　　　년　　　월　　　일

33

2

3

4

5

6

7

8

9

10

11

12

13

14

15

16

17

18

19

20

21

22

23

24

25

368일. 　　　년　　월　　일

34

2

3

4

5

6

7

8

9

10

11

12

13

14

15

16

17

18

19

20

21

22

23

24

25

26

27

28

29

30

31

32

33

369일。 년 월 일

35

2

3

4

5

6

7

8

9

10

11

12

13

14

15

16

17

18

19

20

21

22

23

24

25

26

27

370일.　　　년　　월　　일

36

2

3

4

5

6

7

8

9

10

11

12

13

14

15

16

17

18

19

20

21

22

23

에스라

저자	에스라
기록 목적	포로 생활을 하다가 돌아온 자들에게 성전 재건과 신앙을 개혁할 것을 권유하기 위해 기록되었다.
구성	1-6장: 성전 재건 이야기 7-10장: 신앙 개혁 이야기
핵심 메시지	모든 것은 하나님이 하신다.
주요 내용	에스라서는 느헤미야서와 함께 '포로 귀환 시대의 역사'를 기록하고 있다. 당시는 예루살렘과 성전이 파괴되어 폐허가 되어 있었다. 바사의 고레스왕은 포로를 돌려보내 성전을 재건하라고 명령했다. 그 후 2차로 이스라엘 백성이 돌아왔고, 학사 에스라도 이때 귀환해 성전을 재건했다. 성전 건축에 어려움이 많았다. 많은 방해가 있었고 음모로 건축이 중단되기도 했다(스 4장). 그러나 하나님의 도우심으로 성전 건축은 마무리되었고, 이스라엘 백성은 즐겁게 성전 봉헌식을 행하고 유월절을 지켰다(스 6장). 이 일 후 이스라엘 백성은 크게 회개했으며, 그때부터 하나님께 순종하기로 약속했다.

371일。　　　년　　월　　일

1

2

3

4

5

6

7

8

9

10

11

2

2

3

4

5

6

7

8

9

10

11

12

13

14

15

16

17

18

19

20

21

22

23

24

25

26

27

28

29

30

31

32

33

34

35

372일.　　　년　　월　　일

36

37

38

39

40

41

42

43

44

45

46

47

48

49

50

51

52

53

54

55

56

57

58

59

60

61

62

63

64

65

66

67

68

69

70

| 373일。 | 년 | 월 | 일 |

3

2

3

4

5

6

7

8

9

10

11

12

13

4

2

3

4

5

6

7

8

9

10

11

12

13

14

15

16

17

18

19

20

21

22

23

24

374일. 　　년　　월　　일

5

2

3

4

5

6

7

8

9

10

11

12

13

14

15

16

17

6

2

3

4

5

6

7

8

9

10

11

12

13

14

15

16

17

18

19

20

21

22

7

375일。　　　년　　월　　일

7

2

3

4

5

6

7

8

9

10

11

12

13

에스라   7장 14절 ~ 7장 25절

14

15

16

17

18

19

20

21

22

23

24

25

26

27

28

376일.   년   월   일

8

2

3

4

5

6

7

8

9

10

11

12

13

14

15

16

17

18

19

20

21

22

23

24

25

26

27

28

29

30

377일。   년   월   일

31

32

33

34

35

36

9

2

3

4

5

6

7

8

9

10

11

12

13

14

15

378일。 년 월 일

10

2

3

4

5

6

7

8

9

10

11

12

13

14

15

16

17

18

19

20

21

22

23

24

25

26

27

28

29

30

31

32

33

34

35

36

37

38

39

40

41

42

43

44

느헤미야

저자	느헤미야
기록 목적	3차 포로 귀환 때 돌아온 느헤미야가 하나님의 뜻에 따라 성벽을 재건하고 신앙을 개혁할 것을 권유하기 위해 기록했다.
구성	1-7장: 성벽 재건 이야기 8-13장: 영적 부흥 이야기
핵심 메시지	모든 것은 하나님이 하신다.
주요 내용	느헤미야서는 3차 포로 귀환 이후 성벽 재건과 신앙 부흥의 역사를 전한다. 느헤미야는 바사의 수산궁에 있을 때 민족이 처한 아픈 소식을 듣고 왕의 허락을 받아 예루살렘 총독으로 귀환해 이스라엘 백성과 함께 성벽을 재건했다. 성벽을 재건할 때 많은 방해가 있었다. 느헤미야와 백성은 기도하면서 재건을 쉬지 않았다. 낮에는 일하고 밤에는 지키는 일을 계속했다(느 4장). 느헤미야와 이스라엘 백성은 52일 만에 성벽을 재건했다. 이스라엘 백성은 수문 앞 광장에 모였다. 학사 에스라는 율법책을 읽었고, 백성은 회개했다. 그들은 죄를 자복했으며, 말씀에 따라 삶을 바꾸었다. 예배가 살아났고, 하나님 앞에서 언약을 세웠다(느 9장). 느헤미야서는 느헤미야가 하나님의 말씀에 따라서 개혁을 단행하는 이야기로 마무리된다(느 13장). 에스라가 성전을 건축한 것이 하나님의 은혜라고 했듯 느헤미야 역시 성벽을 재건한 것이 하나님의 은혜라고 고백했다. 이들의 고백은 역사의 주관자가 하나님이시라는 분명한 역사관을 보여 준다.

느헤미야   1장 1절 ~ 1장 11절

379일.   년   월   일

1

2

3

4

5

6

7

8

9

10

11

느헤미야 2장 1절 ~ 2장 12절

2

2

3

4

5

6

7

8

9

10

11

12

539

13

14

15

16

17

18

19

20

| 380일。 | 년 | 월 | 일 |

3

2

3

4

5

6

7

8

9

10

11

12

13

14

15

16

17

18

19

20

21

22

23

24

25

26

27

28

29

30

31

32

381일.　　　　년　　월　　일

4

2

3

4

5

6

7

8

9

10

11

12

13

14

15

16

17

18

19

20

21

22

23

3

4

5

6

7

8

9

10

11

12

13

14

15

16

17

18

19

6

2

3

4

5

6

7

8

9

10

11

12

13

14

383일。   년   월   일

15

16

17

18

19

7

2

3

4

5

6

7

8

9

10

11

12

13

14

15

16

17

18

19

20

21

22

23

24

25

26

27

28

29

30

31

32

33

34

35

36

37

38

384일。   년   월   일

39

40

41

42

43

44

45

46

47

48

49

50

51

52

53

54

55

56

57

58

59

60

61

62

63

64

65

66

67

68

69

70

71

72

73

385일。   년   월   일

8

2

3

4

5

6

7

8

9

10

16

11

17

12

18

13

386일。	년	월	일

9

14

2

15

3

4

5

6

7

8

9

10

11

12

13

14

15

16

17

18

19

20

21

22

23

24

25

26

27

28

29

30

31

32

33

34

35

36

37

38

10

2

3

4

5

6

7

8

9

10

11

12

13

14

15

16

17

18

19

20

21

22

23

24

25

26

27

28

29

30

31

32

33

34

35

36

37

38

39

388일。   년   월   일

11

2

3

4

5

6

7

8

9

10

11

12

13

14

15

16

17

18

19

20

21

22

23

24

25

26

27

28

29

30

31

32

33

34

35

36

389일.　　　년　　월　　일

12

2

3

4

5

6

7

8

9

10

11

12

13

14

15

16

17

18

19

20

21

22

23

24

25

26

27

28

29

30

31

32

33

34

35

36

37

38

39

40

41

42

43

44

45

46

47

390일.　　　　년　　월　　일

13

2

3

4

5

6

7

8

9

10

11

12

13

14

15

16

17

18

19

20

21

22

23

24

25

26

27

28

29

30

31

에스더

저자	알려지지 않음
기록 목적	하나님이 포로 생활을 하는 유다인들을 위해 일하고 계시며 그분의 백성을 영원히 보호하신다는 사실을 깨닫게 하려는 목적으로 기록되었다.
구성	1-2장: 와스디의 폐위와 에스더의 왕후 즉위 3장: 하만의 유다인 말살 음모 4장: 에스더의 헌신 5-8장: 모르드개와 유다 민족의 구원 9-10장: 부림절
핵심 메시지	하나님은 자기 백성을 지키신다.
주요 내용	에스더서는 '완전히 멸망할 위기에 처한 유다 백성을 하나님이 구원하신 이야기'이다. 에스더서는 1차 포로 귀환과 2차 포로 귀환 사이에 일어난 사건을 전해 준다. 당시 바사왕 고레스가 내린 포로 귀환 명령을 받고서도 유다 땅으로 돌아가지 않은 유다인들이 있었다. 에스더서는 그들이 겪은 사건을 기록한 것으로서, 사건의 장소적 배경은 바사 수산궁이다. 에스더서에는 '하나님'이라는 단어가 한 번도 나오지 않는다. 그럼에도 불구하고 다른 어떤 책보다 하나님의 손길과 역사하심이 아주 강하게 드러나 있다. 에스더서는 하나님의 섭리 아래 에스더와 모르드개가 지혜로 하만의 유다인 학살 음모를 물리치고(에 1-4장) 유다 민족을 구원하고 존귀하게 된다는 내용이다(에 5-10장). 하나님은 포로 귀환을 한 백성뿐만 아니라 바사에 남아 있는 사람들도 지키시고 놀라운 능력으로 구해 내셨다. 유다인은 죽을 수밖에 없는 상황에서 구원받은 날에 잔치를 베풀었고, 규례를 세워 해마다 아달 월 14-15일을 지켰다. 이것이 부림절이다. 부림절은 '부르'(제비 뽑다)의 이름을 따라서 지어졌다.

391일.　　　년　　월　　일

1

2

3

4

5

6

7

8

9

10

11

12

13

14

15

16

17

18

19

20

21

22

392일。   년   월   일

2

2

3

4

5

에스더 2장 6절 ~ 2장 16절

6

7

8

9

10

11

12

13

14

15

16

17

18

19

20

21

22

23

393일.　　　년　　월　　일

3

2

3

4

5

6

7

8

9

10

11

12

13

14

15

4

2

3

4

5

6

7

8

9

10

11

12

13

14

15

16

17

394일。　　　년　　월　　일

5

2

3

4

5

6

7

8

9

10

11

12

13

14

6

2

3

4

5

6

7

8

9

10

11

12

13

14

395일。　　　년　　월　　일

7
2

3

4

5

6

7

8

9

10

8

2

3

4

5

6

7

8

에스더 8장 9절 ~ 9장 2절

9

10

11

12

13

14

15

16

17

396일。	년	월	일

9

2

578

3

4

5

6

7

8

9

10

11

12

13

14

15

16

17

18

19

20

21

22

23

24

25

26

27

28

29

30

31

32

10

2

3

개역개정 십 계 명

하나님이 이 모든 말씀으로 말씀하여 이르시되,
나는 너를 애굽 땅, 종 되었던 집에서 인도하여 낸 네 하나님 여호와니라.

제일은, 너는 나 외에는 다른 신들을 네게 두지 말라.

제이는, 너를 위하여 새긴 우상을 만들지 말고,
또 위로 하늘에 있는 것이나 아래로 땅에 있는 것이나
땅 아래 물 속에 있는 것의 어떤 형상도 만들지 말며,
그것들에게 절하지 말며, 그것들을 섬기지 말라.
나 네 하나님 여호와는 질투하는 하나님인즉,
나를 미워하는 자의 죄를 갚되
아버지로부터 아들에게로 삼사 대까지 이르게 하거니와,
나를 사랑하고 내 계명을 지키는 자에게는
천 대까지 은혜를 베푸느니라.

제삼은, 너는 네 하나님 여호와의 이름을 망령되게 부르지 말라.
여호와는 그의 이름을 망령되게 부르는 자를
죄 없다 하지 아니하리라.

제사는, 안식일을 기억하여 거룩하게 지키라.
엿새 동안은 힘써 네 모든 일을 행할 것이나
일곱째 날은 네 하나님 여호와의 안식일인즉,
너나 네 아들이나 네 딸이나 네 남종이나 네 여종이나
네 가축이나 네 문안에 머무는 객이라도
아무 일도 하지 말라.
이는 엿새 동안에 나 여호와가 하늘과 땅과 바다와